Maria Celina D'Araujo

O Estado Novo

ZAHAR

Capa
Carol Sá
Sérgio Campante

Ilustração da capa
A juventude no Estado Novo — DIP
Arquivo Getulio Vargas, CPDOC/FGV

Vinheta da coleção
ilustração de Debret

Composição
TopTextos Edições Gráficas Ltda.

Impressão sob demanda
UmLivro

Papel
Offset, Suzano S.A.

CIP-Brasil. Catalogação na fonte
Sindicato Nacional dos Editores de Livros, RJ

Araujo, Maria Celina Soares D'
A69e O Estado Novo / Maria Celina D'Araujo. — 1ª ed. — Rio de Janeiro: Zahar, 2000.
il. — (Descobrindo o Brasil)

Inclui bibliografia
ISBN 978-85-7110-542-3

1. Brasil — História — Estado Novo, 1937-1945. I. Título. II. Série.

CDD: 981.061
00-0059 CDU: 981"1937/1945"

[2020]

EDITORA SCHWARCZ S.A.
Praça Floriano, 19, sala 3001 — Cinelândia
20031-050 — Rio de Janeiro — RJ
Telefone: (21) 3993-7510
www.companhiadasletras.com.br
www.blogdacompanhia.com.br
facebook.com/editorazahar
instagram.com/editorazahar
twitter.com/editorazahar

FSC
www.fsc.org
MISTO
Papel produzido a partir de fontes responsáveis
FSC® C128038

A marca FSC® é a garantia de que a madeira utilizada na fabricação do papel deste livro provém de florestas que foram gerenciadas de maneira ambientalmente correta, socialmente justa e economicamente viável, além de outras fontes de origem controlada.

Sumário

Créditos das ilustrações

1. Concentração trabalhista no Estádio Municipal do Pacaembu. Fundação Getulio Vargas/CPDOC

2 e 3. Jovens em comemoração cívica. Foto: Peter Lange. Fundação Getulio Vargas/CPDOC

4. Discurso de Vargas por ocasião da Semana da Pátria. Foto: Peter Lange. Fundação Getulio Vargas/CPDOC

5. Concentração em comemoração ao Dia da Raça. Foto: Peter Lange. Fundação Getulio Vargas/CPDOC

6. Propaganda do DASP. Foto: Peter Lange. Fundação Getulio Vargas/CPDOC

7. Aula de educação física. Foto: Erich Hess. Fundação Getulio Vargas/CPDOC

8. Busto de Vargas. Fundação Getulio Vargas/CPDOC

9. Bustos de Vargas sendo retirados das ruas. Fundação Getulio Vargas/CPDOC

O que era novo no Estado Novo

Se o final do século XX foi considerado um tempo de ocaso das ideologias, o mesmo não se pode dizer das décadas de 1920 e 30. Nestas, a proliferação de rígidas crenças ideológicas deu ao mundo novas concepções sobre o que deveria ser o "homem novo", o papel do Estado e a boa sociedade. A I Guerra mundial (1914-18) mostrava a fragilidade da ordem internacional, e a revolução soviética de 1917 criava uma novo ordenamento político, que aparecia como um golpe de misericórdia na sociedade liberal em crise. Reagindo ao liberalismo e também ao comunismo emergente, cresciam as doutrinas totalitárias de direita.

Esquerda e direita tinham em comum o mito do Estado forte e o culto à personalidade, ambos tidos como fatores fundamentais na formação da coesão social e da unidade nacional. O liberalismo, por sua vez, não ficará imune a esse apelo estatal, sendo influenciado pela doutrina de Keynes, que, depois da crise de 1929, "ensinava" como o Estado liberal podia e devia intervir no mercado. Mas o liberalismo seguirá observando o princípio das liberdades individuais e da livre iniciativa, enquanto para a esquerda e para a direita prevaleceram os ideais do intervencionismo estatal, em termos econômicos e sociais. Predominou aqui o princípio de que o Estado tinha e deveria ter qualidades superiores às do indivíduo e às da sociedade.

Foi em meio a ideologias que mobilizavam multidões que surgiu o Estado Novo no Brasil (1937-45). Estado Novo foi também o nome que receberam outras ditaduras na mesma época: a de Franco, na Espanha, e a de Salazar, em Portugal, por exemplo. O "novo" aqui representava o ideal político de encontrar uma "via" que se afastasse tanto do capitalismo liberal quanto do comunismo, duas doutrinas políticas que, desde meados do século XIX e mais intensamente a partir da revolução soviética, competiam entre si no sentido de oferecer uma nova alternativa política e econômica para o mundo. Havia em ambas a ambição de corrigir os problemas do capitalismo: desigualdade social, crises, insegurança econômica, conflito de classes e de interesses.

A crítica radical à sociedade liberal capitalista era, assim, o cerne das propostas de direita e de esquerda. Mas, se estas concordavam quanto ao diagnóstico, divergiam nas soluções. A doutrina do socialismo marxista, seguindo as tradições racionalistas do século XIX, identificava-se como uma corrente científica e pregava a universalidade dos princípios políticos. Resumidamente, pregava a revolução proletária como solução geral para as sociedades capitalistas; relegando a segundo plano as tradições nacionais, postulava o fim da propriedade privada e impunha um modelo de estatização da produção através da ditadura do proletariado, isto é a *ditadura de uma classe*. A propriedade coletiva dos meios de produção seria levada a cabo por um partido político — partido único da ditadura de uma classe, a trabalhadora, que lideraria um governo voltado, no primeiro momento, para resolver as necessidades físicas e materiais dos homens. O primado da igualdade ganhava preeminência sobre o da liberdade.

O socialismo se confundia com materialismo, mesmo porque a teoria tida como científica no campo socialista era o materialismo histórico e dialético de Marx. Desde o século XIX, estabelecera-se uma dicotomia dentro do campo socialista, proposta pelos marxistas, que separava os socialistas em "utópicos" e "científicos". Os primeiros eram apenas "poetas" e "idealistas", e os últimos, os marxistas. Também eram consideradas "científicas" as teorias racistas, eugenistas e elitistas que marcaram o pensamento social no Brasil no início do século XX e estiveram em voga até o fim da II Guerra Mundial.

A consciência proletária e o fim da propriedade privada não eram, contudo, o alvo maior das preocupações do totalitarismo de direita em relação ao socialismo. O inaceitável era a falta de espiritualidade, de religiosidade, de defesa dos sentimentos nacionais e nacionalistas, bem como a imposição dos interesses de uma classe sobre as outras. O "novo", para as doutrinas de direita, seria conciliar esses sentimentos com um sistema de produção que sobrepusesse os interesses da nação aos das classes, dos indivíduos e dos grupos econômicos através da ação direta do Estado. A maneira concreta como esse "novo" apareceu foi o fascismo, na Itália; o nazismo, na Alemanha; e o corporativismo de Estado, em outros países europeus e também no Brasil.

As origens do Estado Novo no Brasil podem ser buscadas também em países periféricos como Turquia, Romênia e Polônia; desta última veio a inspiração para a Carta de 1937. Do primeiro veio a admiração pelo movimento dos jovens militares que, sob a liderança de Mustafá Kemal Atatürk, tomaram o poder em 1922, impondo à Turquia, país de tradição oriental, uma rápida modernização pela via autoritária. No Brasil, a força desse movimento ficou conhecida entre os militares com a formação de um grupo de jovens oficiais conhecido nos anos 1920 e 1930 como "jovens turcos" — ou seja, radicais, modernizadores e autoritários.

Do ponto de vista doutrinário, a influência maior veio da Romênia. O grande formulador da doutrina corporativa que deu unidade teórica ao Estado Novo foi o romeno Mihail Manoilescu, através do clássico *O século do corporativismo*, traduzido para o português por

Azevedo Amaral em 1938. Nessa obra o autor recomendava uma recuperação do passado, particularmente do senso de comunidade gerado na Idade Média através das corporações de ofício, que articulariam, no dizer do teórico, a atividade econômica com a necessária sociabilidade e espírito de comunidade que teriam sido destruídos pela frieza e impessoalidade do mercado liberal. A seu modo de ver, o século XX reconheceria inexoravelmente essa nova maneira de ver o mundo: uma maneira mais harmônica e humana, porém sob a égide de um Estado forte. O corporativismo de Manoilescu procurava associar um espírito medieval de comunidade com a idéia de Estados nacionais fortes e centralizados; mais do que isso, postulava que seria através desse Estado forte que se recomporiam as estruturas sociais em patamares superiores aos então existentes — a organização social através de ramos da produção, ou seja, das corporações.

Na crítica às instituições representativas da democracia liberal — organizações populares, sufrágio ampliado, governos representativos, competição eleitoral, partidos políticos, entre outras —, esse modelo propunha que as atividades políticas fossem substituídas por trabalhos técnicos em comissões e conselhos de grupos profissionais ou econômicos. Os partidos e a liberdade de organização política deveriam ser substituídos por câmaras e/ou setores da produção organizados e liderados por um Estado fortalecido.

Esse tipo de proposta é conhecida como corporativismo estatal — corporativismo imposto de cima para baixo — e difere de outras práticas corporativistas, especialmente as da Escandinávia, em que uma organização corporativa de representação de interesses foi construída pela própria sociedade. Esse tipo de arranjo, que conciliou organizações sindicais, formadas em função dos ramos da produção, com empresários e Estado, gerou um modelo de decisão tripartite conhecido como "corporativismo societal". Teve base democrática e encontrou na Suécia sua principal expressão. Para vários autores, inclusive Oliveira Viana, nosso principal teórico corporativista, a Suécia era um modelo de inspiração. Só que, também para muitos, o corporativismo deveria ser implementado a partir de um Estado forte e autoritário. Esta era também a opinião de Oliveira Viana, que a justifica alegando a "debilidade" da sociedade brasileira.

A questão do Estado era central na crítica que os autoritários faziam ao liberalismo. Mas eles pregavam a necessidade de fortalecer a autoridade do Estado — e o corporativismo se prestava a isso — sem cair nos postulados do socialismo, que, para levar a cabo tal fortalecimento, enfraqueceria a Nação e as noções de nacionalidade e nacionalismo. Um Estado-Nação forte era o caminho vislumbrado como a saída para o século XX. Isto pode ser resumidamente traduzido como autoritarismo político e ideologia nacionalista extremada.

Dentro dessa ótica, o governo regularia as atividades do cidadão, promoveria o desenvolvimento (seguindo metas fixadas por assessores técnicos) e fomentaria o espírito de nacionalidade. O nacionalismo construiria a Nação.

A distinção entre Estado e Nação — governo e comunidade —, e ao mesmo tempo a necessidade de fundi-los, através de um líder ou de um partido único, foi uma marca desses regimes. O Estado Novo no Brasil foi a expressão clara desses pressupostos, através das várias comemorações cívicas que inventou e cultivou e também através do culto à personalidade do "chefe", Getúlio Vargas. Aqui, na ausência de um partido, Getúlio era o chefe político que simbolizava o poder do Estado e a nacionalidade. Era o chefe de Estado e da Nação. Nas palavras de Oliveira Viana, "nosso partido é o presidente". Sintomaticamente, o Estado Novo foi o momento de apogeu de vários pensadores autoritários brasileiros, como Francisco Campos e Azevedo Amaral, além de Oliveira Viana.

Na prática, os regimes baseados nesses pressupostos foram e são ditaduras, pois, ao apregoarem o fim do conflito político como caminho para a paz e o desenvolvimento, usam o poder do Estado para suprimir outras formas de poder. Calam o conflito silenciando a pluralidade social e negam a política para a usarem de maneira discricionária. Estes governos acabam ou sendo autoritários, isto é, impõem-se pela força e pelo policialismo, ou como sistemas totalitários — caso em que, além de autoritários, assentam-se em uma ampla política mobilizatória, através de um partido único ou de forças paramilitares. O nazifascismo é uma expressão evidente de totalitarismo: a obediência política cega é traduzida como civismo — daí a importância das comemorações cívicas nesses regimes — e a discordância é interpretada como traição à pátria. Com graus e nuanças particulares, foi isso o que aconteceu no Estado Novo no Brasil, em grande parte espelhando um momento das doutrinas políticas em todo o mundo.

Como se montou o Estado Novo

O Estado Novo foi formalmente instituído por um golpe de Estado ocorrido no dia 10 de novembro de 1937, uma quarta-feira. Um golpe anunciado, sem reação, silencioso. A ausência de reação não quer dizer, contudo, que não houvesse opositores a Vargas e a seus planos ditatoriais; havia, mas já estavam devidamente impossibilitados de qualquer tipo de reação.

Explicitando o clima ideológico que mencionamos acima, o pretexto imediato para o golpe foi a "descoberta" de um plano comunista atribuído a um judeu, Cohen — o Plano Cohen —, que expressaria a ameaça do judaico-comunismo internacional. Nesta peça política, o anticomunismo se juntava ao anti-semitismo, a radicalização ideológica se revestia de aspectos racistas alimentando o discurso que defendia a necessidade de um Estado forte capaz de defender a Nação de perigosos inimigos externos. Esse Plano, contudo, examinado adiante, foi apenas o último passo, o gesto final, de um longo processo visando ao endurecimento do regime. Vejamos rapidamente como se deu esse processo que desemboca no golpe que leva Vargas a rasgar a Constituição de 1934 (aliás, a segunda Constituição que rasgava; a primeira fora a de 1891, rasgada em 1930, quando chegou ao poder).

A escalada para o golpe foi racionalmente construída e cuidadosamente executada. O golpe não representou uma ruptura, uma mudança abrupta, mas sim a consolidação de um processo de fechamento e repressão que vinha sendo lentamente construído, com o apoio de intelectuais, políticos civis e militares. O marco inicial decisivo para explicar os acontecimentos de 1937 é o Levante Comunista de novembro de 1935. O Levante ocorreu em quartéis do Exército em três cidades simultaneamente: Rio de Janeiro, Natal e Recife — liderado por comunistas reunidos, basicamente, em torno da Aliança Nacional Libertadora, a ANL.

Criada em março de 1935, a ANL era uma frente de esquerda comandada pelo Partido Comunista Brasileiro. Tinha como presidente de honra Luís Carlos Prestes, ex-militar e pessoa da confiança do PC soviético no Brasil. Em julho de 1935, a ANL foi posta na ilegalidade, mas não interrompeu suas atividades políticas. A atração que a ANL e o comunismo exerciam sobre jovens oficiais era motivo de preocupação para as cúpulas militares; o próprio Prestes reconhecia ser mais fácil organizar o Partido nos quartéis do que nas fábricas.

O Levante foi produto de uma avaliação dos comunistas brasileiros e do Komitern, órgão central do Partido Comunista da União Soviética, sobre as condições de implantar no país um "governo popular e revolucionário". Como tal, foi uma ameaça real ao governo de Vargas, e não apenas um pretexto para o golpe de 1937, como querem alguns. O anticomunismo, que já era uma das preocupações centrais dos chefes militares e do governo, se intensificou e passou a ser um dos principais alvos governamentais. Enquanto se providenciava a prisão dos rebelados, foi decretada a severa Lei de Segurança Nacional (LSN), para levar a esquerda às prisões e ao banco dos réus. Há vários exemplos famosos sobre o que foi o rigor e o terror das prisões nesse período. Um dos casos mais conhecidos é o do comunista alemão Harry Berger, um dos assessores internacionais do Levante, que ficou insano em função da violência das torturas que sofreu.

As instituições militares ainda hoje lembram o saldo de militares mortos do Levante de 1935: pesquisas de historiadores indicam que foram 22 ao todo (4 em Natal, 1 no Recife e 17 no Rio de

Janeiro), enquanto os dados oficiais do exército estabelecem 30 mortos. Porém o que mais mobilizou os quartéis não foi o número de mortes, mas a notícia de que vários militares teriam sido mortos pelos comunistas enquanto dormiam — o que poderia ser rotulado como uma das formas mais perversas de covardia. Todavia, os documentos do Tribunal de Segurança Nacional, que julgou os responsáveis pelo levante, não provam que alguém tenha morrido nessas condições: apenas um militar teria sido morto pelos revoltosos em situação indefesa — desarmado —, mas não dormindo.

Para se ter uma idéia da importância que esse evento teve para as Forças Armadas, a partir de 1937, o Levante (que elas chamaram de *Intentona*, significando intento louco, plano insensato) foi transformado em data oficial de celebração militar, quando se condenava a traição aos colegas e se relembravam as vítimas da covardia. Apenas na década de 1990 a data deixaria de merecer cerimônias oficiais.

Em decorrência da dimensão que o Levante e o anticomunismo ganhavam, nos dois anos pré-golpe o Brasil viveu a maior parte do tempo sob estado de sítio ou de guerra, o que significa dizer que as liberdades constitucionais estavam suspensas. O país contava ainda com o já mencionado Tribunal de Segurança Nacional, criado em setembro de 1936, uma instância jurídica excepcional concebida para julgar os crimes contra a Nação; em nome da segurança nacional, esquerda e oposição muitas vezes foram englobadas em um único bloco e igualmente perseguidas. Oligarquias que se opunham a Vargas também foram atingidas nesta depuração que militares e o tribunal de exceção faziam na política brasileira. Com esses instrumentos excepcionais, Getúlio e seu grupo de apoio, civil e militar, puderam interditar aqueles que se opunham ao governo e empreender um acerto de contas com os que pudessem reivindicar medidas liberalizantes ou descentralizadoras.

A partir de 1935, vários parlamentares são exilados; políticos, jornalistas e intelectuais são presos e perseguidos, e vários deixam o país para escapar da prisão. O "perigo comunista", que certamente não fora inventado — o comunismo existia de forma organizada, especialmente nos quartéis —, foi habilmente acionado como o "inimigo número 1" da Pátria, contra o qual algumas medidas rigorosas precisavam ser tomadas. Esse discurso anticomunista foi fundamental para manter as Forças Armadas unidas em torno da decisão de uma solução de força, ainda que liderada por um civil. Elas seriam as fiadoras de uma nova ordem.

O motivo imediato usado para consolidar os últimos movimentos em direção ao golpe foi, como dissemos, o Plano Cohen, uma peça de doutrinação anticomunista elaborada pelo serviço secreto da Ação Integralista Brasileira (AIB), organização paramilitar de direita criada em 1932. O Plano foi datilografado pelo capitão Olímpio Mourão Filho, chefe do estado-maior das milícias integralistas, nas dependências do Estado-Maior do Exército, onde pôde ser lido e visto por autoridade militares. O Plano simulava, de forma até caricatural (como convém a esse tipo de pedagogia), o que seria um projeto judaico-comunista internacional para a tomada do governo, os propósitos desse governo e seus métodos de ação visando à desagregação dos valores da sociedade e à instauração de uma nova sociedade materialista, atéia e contrária à idéia de família e à honra das mulheres. O documento, que deveria compor o Boletim de Informações nº 4 do serviço secreto da AIB, não foi aprovado pelo chefe do integralismo, Plínio Salgado, que o considerou fantasioso demais e irrealista na imagem que fazia dos comunistas. Todavia, embora fosse uma peça frágil na opinião da AIB, o documento foi apropriado por chefes militares, que, sem que o autor do Plano fosse avisado, o divulgaram para a imprensa como sendo verdadeiro.

A veracidade do Plano foi logo questionada, inclusive dentro dos quartéis, e Mourão foi formalmente acusado pelo general Góis Monteiro, homem da confiança de Vargas, de ter enganado seus chefes militares com um documento falso. Em decorrência disso, sofreu sanções em sua carreira, foi vetado em promoções e só cerca 20 anos mais tarde pôde comprovar frente à Justiça Militar que não ludibriara as autoridades e que estas é que haviam se apropriado de seu trabalho sem sua autorização.

Embora falso como plano e assinado com um nome de um fictício judeu comunista, o importante é que, para os chefes militares, o Plano Cohen servia para sinalizar o golpe final nas instituições políticas democráticas que ainda sobreviviam. O documento foi levado por Góis Monteiro a Vargas, que autorizou sua divulgação à imprensa através do Departamento de Propaganda, o órgão antecessor do Departamento de Imprensa e Propaganda (DIP), principal instrumento de propaganda oficial e censura do Estado Novo. No dia 30 de setembro de 1937 alguns jornais davam ampla cobertura ao fato, colocando a Nação a par do "tenebroso plano" que teria sido organizado por dirigentes comunistas russos, no qual estavam previstos "desde depredações e incêndios até o desrespeito à honra e aos sentimentos mais íntimos da mulher brasileira".

Alguns periódicos e políticos tentaram desmascarar a farsa. Por exemplo, *O Estado de São Paulo* transcreveu editorial de um jornal gaúcho, *A Federação*, no qual se afirmava não ser necessária grande perspicácia para perceber que o Plano era "apenas um pretexto imaginado pela maquiavélica fertilidade do Sr. Getúlio Vargas para novamente conseguir turvar as águas do momento político" e desferir novo golpe sobre a democracia brasileira.

Mesmo que pouco convincente, o Plano justificou nova decretação do estado de guerra. O pedido do ministro da Justiça, Macedo Soares, enviado ao Congresso no dia 1º de outubro, lembrava que o estado de guerra se fazia necessário em função da gravidade da situação da política nacional. Referia-se à análise feita pelos chefes militares, que atestava estar em marcha um "novo golpe de lesa-pátria", a exemplo do que ocorrera em 1935.

Mais tarde, militares como Dutra minimizaram a importância do Plano para o golpe, mas esta não é uma opinião dominante. Para um regime civil fragilizado e fragmentado, a imposição do medo, através da veiculação de uma ameaça iminente, forjava a unidade das elites civis e militares em torno da defesa da Pátria. O comunismo tornava-se o símbolo imediato e maior do inimigo que deveria ser evitado, do mal "ultrajante" que teria de ser combatido "sem tréguas". O plano Cohen simboliza, enfim, o clima de radicalização ideológica da época, a falta de escrúpulos quando se busca o poder pela força e, assim como ocorreria em 1964, o empenho dos militares no sentido de gerar um Estado forte que garantisse a segurança nacional e a unidade das Forças Armadas.

Quando do golpe de 1937, a esquerda estava presa ou exilada, e os opositores liberais não tinham instrumentos de ação, em função da situação excepcional que o país vivia do ponto de vista institucional — estado de sítio e de guerra. Os mais exaltados já haviam abandonado as trincheiras ou sido presos. Dentro do serviço público, foram efetuadas demissões; entre os militares, a "limpeza" foi feita através da cassação de patentes. Até ex-aliados gaúchos que relutavam em aceitar os planos golpistas já estavam a caminho do exílio. Desde outubro as tropas estaduais haviam sido federalizadas e a imprensa vivia sob rigorosa censura. Assim, quando o golpe ocorreu não havia mais forças disponíveis para reagir após dois anos de intensa repressão: o silêncio já estava imposto.

Além disso, nesses dois anos, Getúlio, em aliança com os setores militares dominantes, liderados pelos generais Góis Monteiro e Eurico Gaspar Dutra, preparara a prorrogação de seu mandato, previsto para terminar em meados de 1938 (uma vez que Getúlio fora eleito pelo Congresso Nacional, em 1934, para um mandato de quatro anos). Um calendário eleitoral fora formalmente mantido e três candidatos chegaram a fazer campanha para a sucessão presidencial: Plínio Salgado, integralista; José Américo, a princípio o candidato situacionista; e Armando de Salles Oliveira, da oposição liberal. Mas Getúlio jamais chegou a se pronunciar sobre o pleito e, enquanto as campanhas se desenrolavam pelo país, ele preparava uma nova Constituição. Há registro em seu *Diário* de que em abril de 1937 a Carta já estava pronta.

Getúlio tinha um plano de governo a ser posto em prática — desenvolvimento econômico, intervencionismo e industrialização —; tinha um plano político — a ditadura, entendida como trégua social para possibilitar a expansão do país —; e tinha um inimigo objetivo a quem atribuir a responsabilidade pelas medidas excepcionais que propunha — o comunismo. Tinha, além do mais, aliados ávidos por experimentos ditatoriais.

O dia do golpe

O dia do golpe foi aparentemente tranqüilo. O Congresso amanheceu cercado por tropas do Exército e, à noite, na *Hora do Brasil*, o presidente fez um discurso à nação através dos microfones do Departamento de Propaganda. No discurso dizia que o golpe era inexorável, que o país não contava com "meios defensivos eficazes dentro dos quadros legais" para solucionar a crise nacional. Defendia sua iniciativa afirmando que "tanto os velhos partidos, como os novos em que os velhos se transformaram sob novos rótulos, nada exprimiam ideologicamente, mantendo-se à sombra de ambições pessoais ou de predomínios localistas" com interesses "subalternos". De forma resumida, explicava que "para reajustar o organismo político às necessidades econômicas do país, não se oferecia outra alternativa além da que foi tomada, instaurando-se um regime forte, de paz, de justiça e de trabalho". Do ponto de vista do formato legal do país, declarava que a "organização constitucional de 1934, vazada nos moldes claros do liberalismo e do sistema representativo, evidenciara falhas lamentáveis" e "estava evidentemente antedatada em relação ao espírito do tempo. Destinava-se a uma realidade que deixara de existir." Terminado o discurso, Getúlio deixou o escritório do Departamento de Propaganda e, com a família, tomou o rumo da embaixada da Argentina, onde tinha um jantar previamente agendado. O golpe não alterou sua agenda social.

Por estar datada e ultrapassada, era substituída por uma nova Carta, outorgada, previamente assinada por todo o ministério à exceção do ministro Odilon Braga. Essa Constituição ficou popularmente conhecida como "Polaca", dada sua inspiração nitidamente corporativa e fascista, apoiada no exemplo da Polônia.

No decorrer do dia do golpe, um grupo de 80 parlamentares, cerca 1/4 dos membros do Congresso, visitou Getúlio, solidarizando-se pela iniciativa do golpe e pelo fechamento do Congresso. Os jornais anunciaram que as bandeiras dos estados seriam abolidas; *O Globo* expressava essa iniciativa com a seguinte manchete: "Nem bandeiras nem emblemas. Só o pavilhão nacional poderá ser desfraldado em todo o país." Na mesma ocasião foi declarada a moratória, sinal de independência econômica.

Dias depois seguiu-se a cerimônia de queima das bandeiras dos estados, simbolizando a centralização do poder, a afirmação da autoridade do chefe central, o fim dos regionalismos e da federação. O Brasil seria um Estado nacional unitário, obedecendo a um único senhor. Esta centralização e o reforço da figura do líder dariam, segundo vários analistas, maior coesão e unidade ao país e melhores resultados nas ações administrativas do governo.

O golpe tinha respaldo social principalmente porque era veiculado como uma medida saneadora da política, visando ao bom desempenho da administração pública. Getúlio foi feito ditador com apoio civil e militar. Nos Estados Unidos, o embaixador Oswaldo Aranha, ainda que contrariado, incumbiu-se de explicar a Roosevelt as razões do Estado Novo. E o fez com sucesso.

A repressão política e o cerco à direita

Com a decretação do estado de guerra em outubro de 1937, foi criada a Comissão Executora do Estado de Guerra, composta pelo ministro da Justiça, um general e um almirante. Essa comissão é importante para ilustrar o nível de radicalização a que o país chegara às vésperas do golpe e a orientação policial que se tentava adotar. No dia 14 de outubro de 1937 a Comissão finalizou seu plano de ação, a ser apresentado ao presidente da República — o que, embora não fosse aceito como política oficial do governo, dá uma idéia precisa da disposição dos agentes responsáveis pela lei e pela segurança no sentido de eliminar as oposições. As resoluções da Comissão previam medidas imediatas, como a prisão de "todos os suspeitos de atividades comunistas, com devassa sobre sua vida passada e presente", e medidas de caráter preventivo, tais como colônias agrícolas de reeducação de comunistas não-perigosos, campos de concentração militares para reeducação de simpatizantes do comunismo, prisões especiais para receber chefes e líderes marxistas, campos de concentração em moldes escotistas para receber os filhos de comunistas e comissões de ensino para combater o comunismo nas escolas. Entre as medidas de caráter permanente, propunha-se um arcabouço jurídico que permitisse julgamentos sumários e a prisão de todos os comunistas, bem como a criação da Polícia Federal para combater o comunismo em qualquer parte do país.

Os campos de concentração não foram criados, para adultos ou crianças, mas a política implementada pelo Estado Novo não ficou muito distante dessas diretrizes.

Em um primeiro momento, o comunismo seria o inimigo principal a combater. O que não estava previsto é que esse arcabouço repressivo muito cedo passasse a atuar também contra a direita, articulada em torno da AIB. A AIB seria em princípio a grande beneficiária, em termos doutrinários e políticos, do golpe de 1937; o apoio dos integralistas ao Estado Novo fora explícito, e Plínio Salgado chegou a retirar sua candidatura à presidência em solidariedade a Getúlio Vargas. À AIB interessava um governo que permitisse socializar os brasileiros, principalmente a juventude, em moldes totalitários e paramilitares; e em troca do apoio ao golpe, a associação barganhou o Ministério da Educação para o chefe, Plínio Salgado. As coisas, no entanto, não se passaram bem assim. Em dezembro de 1937 Getúlio decretou o fim dos partidos, medida que atingiu inclusive a AIB, que se transformou em centro cultural. Além disso, os integralistas foram proibidos de usar armas.

Sem partido, sem armas e sem cargos no governo, a AIB partiu para o confronto. O ápice dessa postura foi uma tentativa de golpe em maio de 1938 — o "*putsch* integralista", como ficou conhecido. O *putsch* foi um atentado contra a residência presidencial, o Palácio Guanabara, no bairro de Laranjeiras, Rio de Janeiro, liderado pelos integralistas mas que recebeu apoio de opositores de outras tendências políticas, como o general de perfil liberal

Euclides Figueiredo, pai do futuro presidente João Baptista Figueiredo. Depois de algumas horas tensas vividas pela família Vargas dentro do Palácio, sitiado por rebeldes e sem proteção policial ou militar, o *putsch* foi vencido com a intervenção do ministro da Guerra, general Eurico Gaspar Dutra.

Nesse momento duas importantes decisões foram tomadas. Uma foi a criação de uma guarda pessoal para o presidente. Para isso foi chamado um grupo de gaúchos leais a Vargas, sob a direção de Gregório Fortunato. Amplamente conhecido na história do país como o *anjo negro* de Getúlio, Fortunato seria peça central na crise que levou ao suicídio de Vargas: foi ele o mandante do atentado a Carlos Lacerda, que deu origem às denúncias contra o governo Vargas em agosto de 1954. Com essa guarda, Getúlio criava uma esfera pessoal de proteção sem precisar depender do Exército ou da Polícia — o que era muito importante, tendo em vista a independência que pretendia construir frente às instituições.

A segunda medida foi a perseguição sistemática aos integralistas, que passaram a ser submetidos aos rigores da LSN. Após o ataque ao Palácio Guanabara, cerca de 1.500 "camisas verdes" (como eram chamados os integralistas, devido ao seu uniforme) foram presos, e destes cerca de 200 foram posteriormente condenados pelo TSN a penas que variaram de dois a oito anos. Plínio Salgado acabou no exílio em Portugal, mesmo país onde estava o liberal paulista Armando de Salles Oliveira.

Porém, o lado mais conhecido da repressão diz respeito ao tratamento dado aos comunistas ou aos acusados de o serem. Retrato dramático desse drama está no clássico da literatura brasileira *Memórias do cárcere*, de Graciliano Ramos, peça literária que virou filme sob a direção de Nelson Pereira dos Santos. Graciliano foi considerado simpatizante comunista quando dirigia uma secretaria de governo em Alagoas.

Outro episódio sempre lembrado é a prisão de Olga Benário, alemã comunista que viera para o Brasil como guarda-costas daquele que viria a ser seu marido, Luís Carlos Prestes, principal líder do PCB e a essa altura também o principal aliado do Komitern no Brasil. Olga foi entregue a um campo de concentração nazista quando estava grávida de poucos meses. A filha do casal, Anita Leocádia, foi resgatada por parentes brasileiros, mas Olga, a exemplo de milhões de outros judeus alemães, foi assassinada, em Ravensbruck.

Quando foi extinto, ao fim do Estado Novo, o TSN havia condenado 4.099 pessoas em vários estados do país. Os estados com maior número de condenações foram aqueles em que houve o Levante de 1935: Rio de Janeiro, com 1.458, Rio Grande do Norte, com 318, e Pernambuco, com 264. Para os envolvidos no Levante também foram reservadas penas maiores que as atribuídas aos integralistas.

Administração *versus* política

O Estado Novo foi anunciado como um momento inovador do ponto de vista da racionalidade administrativa. Mas, embora várias medidas fossem tomadas nesse sentido, uma boa dose de clientelismo continuou orientando a administração estatal. Mais do que isso, ao fim do período ditatorial uma nova oligarquia havia sido produzida e consolidada — a que conseguiu liderar a República liberal de 1946. Se houve na prática um equilíbrio entre mudança e continuidade, a propaganda do governo, no entanto, sempre enfatizou o lado inovador e revolucionário do Estado Novo no tocante à modernização. Embora não se possa endossar o peso que lhe era atribuído pelas autoridades da época, há que se mencionar algumas dessas inovações para que se tenha uma idéia mais precisa do desenho institucional levado a cabo pelo novo regime.

O processo de modernização administrativa entabulado pelo Estado Novo foi, como não poderia deixar de ser, de cunho autoritário; um exemplo bem acabado do que se chama "modernização pelo alto". Essa modernização teve como um de seus destaques a elaboração de uma política de pessoal para os funcionários públicos que estabelecia o concurso, a estabilidade no emprego e o mérito. Para fazer cumprir esses objetivos, em 1938 foi criado o Departamento Administrativo de Serviço Público (DASP), que, mesmo sofrendo várias reformulações, sobreviveu até os anos 1990. Em complementação ao DASP foi criado, no ano seguinte, o Estatuto do Funcionário Público. Essa preocupação com a racionalidade era apontada como uma resposta à experiência oligárquica, aos critérios personalistas e particularistas e à instabilidade administrativa da República Velha. Entendia-se que um quadro de funcionários permanentes e bem treinados tornaria a máquina pública imune às pressões nepotistas e clientelistas. Na ausência de um Poder Legislativo, o DASP cuidava dos orçamentos da União e dos estados e, no plano estadual, funcionava como um órgão assessor para os interventores (os governadores dos estados, nomeados por Vargas).

O Estado Novo enalteceu a técnica em contraposição à política, veiculada como o lado sujo dos "interesses privados". O conhecimento técnico e científico aplicado à administração seria um patamar superior na forma de lidar com os interesses nacionais. Na prática isto significou a centralização política e administrativa; o fortalecimento do Poder Executivo em níveis até então desconhecidos; a subordinação dos estados ao governo central; o fim das consultas populares através de eleições; e a proscrição do Legislativo. Em suma, a autonomia do Estado em relação às forças da sociedade. Mas, apesar do discurso que privilegiava a modernização racional-legal, o Estado Novo conviveu sempre com formas clientelistas e personalistas, particularmente quando se tratava de nomeações para cargos de confiança.

Um legado visível do Estado Novo foi a proliferação de aparelhos estatais com grande autonomia de ação — que, apesar de serem considerados órgãos não-clientelistas, serviram para fazer a "política do presidente" e para consolidar a centralização de um Estado gestor e intervencionista. No plano da agricultura, foram criados a Carteira de Crédito Agrícola e Industrial do Banco do Brasil, em 1937; o Instituto do Mate, em 1938; e o do Pinho, em 1941. Todavia, seguindo a tendência de anos anteriores, as novidades administrativas ocorreram com maior vigor nas instâncias voltadas para as políticas industriais, a diversificação e o planejamento da economia. Nessa direção já havia sido criado, em 1934, o Conselho Federal de Comércio Exterior, primeiro órgão brasileiro voltado para o planejamento econômico, e que, na falta de um Congresso, foi o espaço onde os interesses industriais se fizeram representar. Da ampla rede gestada pelo governo, mencionaremos alguns organismos cuja denominação indica os setores a que se destinavam: Conselho Técnico de Economia e Finanças do Ministério da Fazenda (1937); Conselho Nacional do Petróleo (1938); Conselho de Água e Energia (1939); Comissão Executiva do Plano de Siderurgia Nacional (1940); Comissão de Combustíveis e Lubrificantes

(1941); Conselho Nacional de Ferrovias (1941); Comissão do Vale do Rio Doce (1942); e Superintendência da Moeda e do Crédito, a SUMOC, criada em 1945 e transformada no Banco Central nos anos 1960.

No setor de planejamento, temos, no início dos anos 1940, além do Conselho Federal de Comércio Exterior, a Coordenação de Mobilização Econômica, o Conselho Nacional de Política Industrial e Comercial, a Comissão de Planejamento Econômico, o Conselho Nacional de Economia e a Comissão de Defesa da Economia Nacional. Com tal estrutura, o que até então era gerenciado em termos de políticas setoriais e regionais passou a ter uma dimensão nacional.

Conselhos, comissões, autarquias, institutos passaram a ser os canais de participação de que os setores industriais, agrícolas e financeiros dispunham para expor pontos de vista e defender interesses. Aos trabalhadores, por sua vez, foram reservados os sindicatos, na verdade órgãos auxiliares do Ministério do Trabalho, Indústria e Comércio.

Nesse processo crescente de centralização administrativa e de intervenção do Estado no planejamento e na produção, o Estado Novo não foi uma completa inovação, mas sim o ápice dessa política. O Estado brasileiro se firmava, através de Vargas, como formulador e antecipador dos interesses da sociedade.

Propaganda, educação e civismo

Do ponto de vista da intelectualidade, o lado mais ambíguo do Estado Novo tem a ver com a política cultural e a educação. Nesse campo, vários projetos desenvolvidos pela esquerda e por progressistas brasileiros foram contemplados, e vários intelectuais foram convidados a participar do governo — sem que possamos dizer que com isso tenham se tornado fascistas. Entre intelectuais de renome que atuaram como funcionários ou assistentes de políticas empreendidas pelo Estado Novo temos Mário de Andrade, Gustavo Capanema, Carlos Drummond de Andrade, Manuel Bandeira, Villa-Lobos e muitos outros. A busca de um projeto cultural autônomo, de uma identidade nacional, era tema que animava poetas, pintores, romancistas, arquitetos e educadores desde a Semana de Arte Moderna de 1922.

A autonomia adquirida pelo Estado brasileiro a partir de 1930 permitiu que vários projetos econômicos e culturais fossem testados em nome de sua alta qualidade técnica e da grandiosidade das intenções. A essas ambições juntaram-se interesses militares e civis preocupados em socializar a juventude em termos cívicos e em depurar costumes sociais que pudessem ferir a construção de uma nova identidade nacional. Nesse sentido, jovens, imigrantes e os trabalhadores foram os alvos principais das campanhas "educadoras" do Estado Novo.

1. "Concentração trabalhista" em homenagem a Vargas no estádio do Pacaembu, São Paulo.

2 e 3. Jovens participam de uma comemoração cívica oficial, São Paulo.

4. Vargas discursa ao lado de autoridades no encerramento das comemorações da Semana da Pátria, no campo do Vasco da Gama, Rio de Janeiro, 1941.

5. Concentração no estádio do Vasco da Gama, em comemoração ao Dia da Raça.

6. Foto de propaganda apresentando a organização de concursos públicos pelo DASP.

7. Foto de propaganda do governo, mostrando aula de educação física. Um exemplo do culto ao corpo promovido pelo Estado Novo.

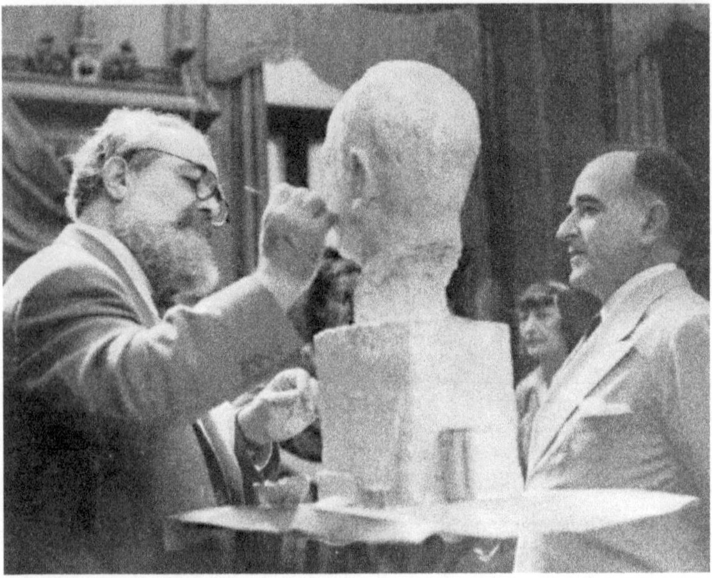

8. O escultor Jo Davidson faz o busto de Vargas, a pedido do presidente Roosevelt, 1941.

9. Bustos de Getúlio Vargas sendo retirados das ruas, após a queda do Estado Novo, Rio de Janeiro, outubro de 1945.

A educação dos jovens esteve associada ao civismo e à preocupação de "imunizá-los" contra influências "exógenas". Um primeiro passo importante nesse caminho foi a nacionalização do ensino empreendida nos anos 1938 e 1939. Com essa medida, ficava proibido o ensino em línguas estrangeiras — posteriormente, numa extensão desse princípio, apenas brasileiros poderiam ser proprietários de escolas — e o português se tornava língua oficial de todas as cerimônias públicas, ainda que não oficiais. Tais medidas visavam particularmente a atingir as comunidades estrangeiras, especialmente as mais organizadas (a alemã, a japonesa e a italiana), ainda mais porque podiam representar, nesse momento, a expressão da vontade de seus países de origem no território nacional. Uma medida de segurança se juntava a um ideal de nacionalidade.

Ainda em relação aos jovens, foram criadas várias formas de organizar sua participação cívica. A que mais chamou a atenção foi a Organização da Juventude Brasileira, forjada nos moldes da Mocidade Portuguesa de Oliveira Salazar e que não foi implementada nas dimensões projetadas devido à disputa entre os ministérios da Guerra e da Educação pela liderança do movimento.

Apesar de não haver oficialmente uma organização paramilitar de jovens, eles foram presença uniformizada constante nas várias manifestações cívicas que a máquina de propaganda do Estado Novo inventou (entre elas o Dia da Raça, o Dia da Pátria, o Dia da Juventude, a Semana da Independência, o Dia do Trabalho e outros). Essas manifestações, em que se exibiam retratos de Getúlio Vargas e que ocorriam normalmente em campos de futebol, transformaram-se em momentos míticos e quase religiosos de louvação ao país e a seu "chefe".

Uma intensa bibliografia foi produzida pela imprensa oficial para cultuar a personalidade de Vargas. Várias "histórias de Vargas para crianças" chegaram às bibliotecas, demonstrando como desde o nascimento Getúlio estaria fadado a liderar seu povo em um grande projeto. Ensinavam também que Vargas, desde muito cedo, tivera a antevisão de que a política, partidos e parlamentos eram elementos espúrios, perniciosos à sociedade. A história de Getúlio era construída de maneira hagiográfica, ou seja, como se alguém estivesse contando a história de um grande líder espiritual, de um anjo, de um santo. Vargas seria veiculado junto aos jovens e às crianças como um ser superior — estratégia usada pelas políticas de culto à personalidade. Por isso mesmo, foi durante o Estado Novo que se construiu definitivamente o mito Vargas, fruto do carisma do presidente, mas também da eficiente máquina de propaganda então existente.

Paralelamente o governo cuidava da política migratória, através de um sistema de cotas que atingiu especialmente japoneses e judeus. Esse sistema, política adotada em todo o mundo, antes e depois da guerra, impediu que milhares de imigrantes que tentaram escapar da fome, da repressão ou de campos de concentração em seus países fossem aceitos no Brasil — motivo pelo qual é recorrentemente lembrada como uma das páginas negras de nossa política externa. A política migratória traduzia preconceitos em relação a certas etnias mais estigmatizadas mas, do ponto de vista interno, os alemães também provocavam preocupações. Embora houvesse afinidades ideológicas entre vários componentes de nossa elite militar e civil e o nazismo, era sempre lembrado que os imigrantes alemães já residentes no país podiam vir a representar um poder paralelo em território nacional, o que era um dos grandes temores das Forças Armadas. Com a guerra, teve início uma intensa operação policial visando à prisão e ao desmantelamento de grupos políticos nazistas e fascistas organizados dentro do Brasil, muitas vezes com o apoio oficial dos países de origem de seus membros. A exemplo do que se dava em relação ao comunismo, a presença desses imigrantes era também a combinação providencial de uma ameaça que não era inventada — embora pudesse ser superdimensionada — com os projetos centralizadores do governo.

A nacionalização da educação implicará um profundo controle de todos os currículos, de todas as atividades de todas as escolas nos recantos mais remotos do país. A escola nacionalizada e monitorada pelo governo seria a porta de entrada para a nacionalidade, para a homogeneidade nacional e o controle de tendências exógenas que pudessem advir da multiculturalidade. Essas preocupações não eram novas, mas encontraram no Estado Novo o campo fértil para prosperarem e se tornarem realidade. Ainda no campo educacional, o reforço dado às aulas de educação física não só servia ao propósito de direcionar os jovens, como também representaria um aprimoramento estético do brasileiro.

Nesse período, como parte da propaganda de massa, o país também adotou padrões arquitetônicos e estéticos que se inspiravam no neoclassicismo nazifascista, incentivando ainda a preservação do patrimônio cultural. "Um exemplo dessas iniciativas é a construção do prédio do Ministério da Fazenda, no Rio de Janeiro. A propaganda de massa era efetuada pelo DIP (chefiado por Lourival Fontes), órgão que também efetuava a censura a todos os veículos da imprensa, nessa época restrita a jornais, revistas e rádio. A imprensa deveria ter a função pública de apoiar o governo e auxiliar no projeto nacional, e quem assim não agisse poderia ser punido inclusive com a desapropriação de seus bens. Foi o que aconteceu aos proprietários de *O Estado de São Paulo*, que na época já era um dos mais importantes periódicos do país. A censura foi uma importante faceta do regime. O DIP não só preparava o material de propaganda do governo como controlava com censores todas as matérias da imprensa escrita e falada. As concessões de rádio eram rigorosamente controladas por esse órgão, e 60% das matérias dos noticiários eram fornecidos pela Agência Nacional.

Paradoxalmente, foi também durante o Estado Novo que o Brasil entrou definitivamente na órbita cultural dos Estados Unidos; foi nessa ocasião que o personagem de quadrinhos Zé Carioca foi criado pelos Estúdios Disney e que Carmen Miranda foi içada a símbolo da boa vizinhança entre os EUA e o Brasil. Uma das mais populares e carismáticas artistas no Brasil, Carmen chegou a ser associada a uma artista da América Latina, e como tal cantou para os estúdios de Hollywood — além de sambas e chorinhos — rumbas, tangos e boleros. Acabou sendo o símbolo maior da cooperação cultural no continente americano, o que lhe custou a mágoa e o desprezo dos brasileiros que, acusando-a de americanizar-se, só voltaram a louvá-la depois de sua morte, em 1954.

A atenção que o Brasil ganhou em Hollywood atraiu ainda a atenção de Orson Welles, um dos maiores cineastas do século XX, que foi convidado para filmar o carnaval no Rio. Mas sua opção estética não agradou aos estúdios norte-americanos: Welles filmou pessoas comuns, negros, homens do povo se divertindo nas ruas — o que retirava da festa seu apelo turístico e comercial. O filme foi arquivado. Destino idêntico encontrou o outro filme de Welles sobre o Brasil:

segundo as autoridades da indústria cinematográfica, a reprodução de uma saga verídica de jangadeiros do Nordeste, que navegaram do Ceará até o Rio de Janeiro para reivindicar junto a Vargas proteção através da legislação social, continha apelos comunistas. Somente muitos anos mais tarde esse filme foi recuperado, chegando ao Brasil sob o título *That's All True* [É tudo verdade].

Nesse período, o cinema e a música fazem dos EUA uma presença constante no cotidiano dos brasileiros. O Brasil se americanizava nos costumes, no comportamento, no vestuário, no intercâmbio de estudantes — mas, do ponto de vista econômico, tornava-se ideologicamente nacionalista e avesso à abertura de seus mercados. No tocante à política cultural oficial, propagavam-se a brasilidade e uma identidade nacional autêntica e autônoma.

A economia entre o café e a indústria

Pelo resultado positivo da industrialização, a primeira gestão de Vargas (1930-45) é freqüentemente mencionada como um marco da modernização do país — e, nesses quinze anos, o Estado Novo é tido como o apogeu da modernização. Nesse período o Brasil teria deixado de ser um país eminentemente agrícola, dependente exclusivamente do café, para entrar na rota do mundo industrial e moderno. Esse marco não é infundado, se lembrarmos que em 1930 cerca de 30% da população brasileira moravam nas cidades e que nos anos 1970 essa proporção havia se invertido.

Todavia esse processo certamente não pode ser creditado apenas ao "gênio" de Vargas; contou a seu favor uma conjuntura internacional que impôs uma marcha forçada para o desenvolvimento interno, em função de duas grandes crises internacionais: o *crack* na Bolsa de Nova York, em 1929, e a II Guerra Mundial, iniciada em 1939. Tal conjuntura obrigou o Brasil a desenvolver uma indústria para suprir suas necessidades, através de um processo conhecido como "industrialização por substituição de importações" — iniciado, aliás, ainda durante a I Guerra Mundial.

Mas, assim como o Estado Novo não iniciou a repressão política, também não inventou a industrialização. Se comparado com o desempenho da agricultura, vemos (tabela à p.42) que o Estado Novo consolidou o papel da indústria como base da economia nacional, uma mudança que já vinha de antes. Vemos também que o crescimento industrial declinou nos anos de guerra, embora nesse mesmo período estivessem sendo gestados os instrumentos que permitiriam levar a cabo, nas décadas seguintes, o modelo de desenvolvimento da era Vargas, apoiado em três pilares básicos: investimentos estatais nacionais, investimentos privados nacionais e capital estrangeiro, público ou privado.

Taxas anuais de crescimento

	Agricultura	Indústria	Total
1920-29	4,1%	2,8%	3,9%
1933-39	1,7%	11,2%	4,9%
1939-45	1,7%	5,4%	3,2%

Fonte: A. Vilela e Werner Baer. Crescimento industrial e industrialização. *Dados*, n.9, 1972

Outro dado importante é que, em 1940, 70% dos estabelecimentos industriais brasileiros haviam sido criados a partir de 1930 — evidenciando assim a importância dos arranjos econômicos feitos no país para vencer os efeitos da crise de 1929. É relevante ainda que a agricultura, que vai perdendo seu papel hegemônico na economia do Brasil, também começa a sofrer transformações: o café deixa de ser o único produto expressivo de nossa pauta de exportações, passando a dividir esse espaço com o cacau e com o algodão, especialmente. O café, que em 1933 representava 72% das exportações brasileiras, não ultrapassará a marca de 39% em 1939. No plano geral do país, vemos que, na década de 1930, enquanto a produção agrícola tem um volume de crescimento na ordem de 20%, a produção industrial cresce 125%.

Associando crescimento e defesa nacional, durante a guerra foram criadas várias empresas estatais de transportes e navegação em diversas regiões do país, como o Amazonas, a Bacia do Prata e outras. Isso fortalecia uma política de segurança, bem como empreendimentos voltados para a produção de energia, a exemplo da Companhia Hidrelétrica do São Francisco, fundada em 1945. No âmbito da indústria de ponta, entrando diretamente na esfera da produção, foi criada, em 1941, a Companhia Siderúrgica Nacional, e, dois anos mais tarde, a Companhia Nacional de Álcalis e a Fábrica Nacional, todas as três no estado do Rio.

Ao fim do Estado Novo o país havia consolidado sua segunda revolução industrial: deixava a fase de produção de bens manufaturados de curta duração para entrar na indústria que produzia máquinas. Nesse aspecto, a ditadura do Estado Novo acabou ganhando a simpatia dos desenvolvimentistas e até da esquerda, preocupada com a emancipação econômica do país.

Outro componente importante desse modelo de desenvolvimento industrial foi o nacionalismo. Em 1938 o governo declarou pertencerem à União todas as jazidas de petróleo encontradas no território nacional e nacionalizou a indústria de refinamento do petróleo. Paralelamente, o Código de Minas, de 1940, proibia aos estrangeiros a mineração, a metalurgia e a exploração das riquezas do subsolo brasileiro. Esse toque nacionalista foi, aliás, um dos mais importantes ingredientes ideológicos do Estado Novo.

O governo se preparou para atuar em áreas de ponta — a exemplo do aço, transportes, energia, pesquisa e comunicações —, enquanto deixava para a iniciativa privada, nacional e estrangeira, as atividades econômicas relativas aos bens de consumo não-duráveis. Essa concentração de poder de decisão na área econômica é uma das marcas mais fortes e duradouras do Estado Novo e deitou profundas raízes no país, especialmente no que toca a um modelo econômico orientado pelo Estado. As discussões e polêmicas dos anos 1990 sobre as privatizações e a necessidade de manter ou não a estatização em algumas áreas econômicas tidas como estratégicas, tais como petróleo e minérios, são evidências do enraizamento desse modelo na sociedade brasileira.

Visando a uma política econômica nacional assentada em uma agenda única e em um centro forte de decisão, o Estado Novo promoveu também a abolição dos impostos entre os estados brasileiros. Ao formular esse modelo de Estado, Vargas adotava uma postura antiliberal, mas não xenófoba. Em sua concepção, o Estado deveria se antecipar aos tempos, abrir o caminho para a moderna industrialização e para a assistência social, recorrer ao capital internacional, se necessário, e pautar-se pelo protecionismo. Ou seja, não bastava um Estado intervencionista: era preciso uma intervenção feita em nome de um nacionalismo que procurava evitar o predomínio do capital estrangeiro em setores de ponta da industrialização. Era preciso, principalmente, equipar o Estado com os instrumentos necessários a essas ações. E isso seria conseguido através da ampla rede de agências que o Estado Novo montou.

A guerra e o lugar do Brasil no mundo

A política externa do Estado Novo não pode ser dissociada da II Guerra. Nos anos anteriores, expressivas alterações ocorreram no plano das relações internacionais, particularmente no tocante à emergência de novos sistemas de poder — como Japão, Alemanha e Itália, países que se transformaram em potências internacionais, ameaçando a tradicional hegemonia da França e da Inglaterra, na Europa, e dos EUA, no continente americano. Até 1940 o Brasil resistiu a uma aproximação mais cerrada com os Estados Unidos, embora estivesse em marcha um alinhamento lento e gradual com Washington. O jogo só se definiu após várias negociações multi ou bilaterais e de conferências como a de Havana, em 1940, e a do Rio de Janeiro, em 1942.

É tese corrente que durante os anos 1930, graças ao "gênio maquiavélico" de Vargas, o Brasil teria mantido a posição de explorar as possibilidades que cada potência mundial pudesse oferecer, evitando firmar alianças rígidas com qualquer dos nascentes sistemas de poder. Fugindo a essa simplificação, o período aqui examinado pode ser marcado por uma especial modalidade de convivência diplomática denominada "eqüidistância pragmática", que se transformará em alinhamento incondicional aos EUA. Dentro desta perspectiva, o Brasil, ainda que numa posição assimétrica de força, soube tirar proveito das ambições e necessidades dos dois blocos de poder representados por Estados Unidos e Alemanha. A partir de 1941, no entanto, com o rompimento das relações com o Eixo, o Brasil aliou-se e alinhou-se com a política norte-americana, e de maneira irreversível.

O conflito internacional colocara para Vargas a necessidade de ações que refletissem claramente, no plano internacional, sua preferência entre as democracias liberais e os regimes totalitários. No plano político, Vargas não deixou dúvidas sobre suas simpatias pelos regimes fortes. É o que se pode observar no pronunciamento que fez em junho de 1940 para uma platéia de militares a bordo do navio *Minas Gerais*, quando criticou a política liberal e afirmou: "Velhos sistemas e fórmulas antiquadas entram em declínio ... o Estado tem a obrigação de assumir as forças produtoras." Numa alusão direta à Alemanha e à Itália, elogiava "as nações fortes que se impõem pela organização baseada no sentimento da Pátria e pela convicção da própria superioridade".

O discurso foi interpretado pelos norte-americanos como uma evidente declaração de simpatia ao Eixo, e propiciou uma rápida mobilização dos Estados Unidos no sentido de esclarecer as posições brasileiras. Iniciou-se então um delicado momento na política externa brasileira, amenizado com decisão norte-americana de financiar a indústria do aço no Brasil. Datam dessa época os empréstimos para a construção da usina siderúrgica de Volta Redonda, no Rio de Janeiro — obra que, no imaginário popular, ficou por décadas associada à soberania nacional e à capacidade do país no sentido de enfrentar seus desafios. Além do mais, do ponto de vista militar, a Companhia Siderúrgica Nacional permitiria ao país produzir não apenas maquinário pesado para a indústria, mas também armamentos.

Outro capítulo de destaque na aproximação forçada com os Estados Unidos foi a geopolítica da II Guerra, ou mais especificamente a importância estratégica que o Nordeste brasileiro teria em caso de um prolongamento da guerra. Essa região do Brasil era, para a época, a alternativa mais viável para os norte-americanos chegarem à Europa — através do Norte da África —, caso fosse inviabilizada a travessia do Atlântico Norte.

Desde que começara a guerra, Getúlio recusava-se a se pronunciar a favor ou contra qualquer das partes envolvidas, embora seu *Diário* reflita uma aposta na superioridade militar do Eixo. Além disso, recorria ao pan-americanismo para explicar sua neutralidade e temia os prejuízos que qualquer posição política pudesse trazer ao comércio internacional do Brasil. Vargas argumentava que a guerra era um assunto europeu e não das Américas e que se devia evitar que o Brasil fosse alvo de retaliações, como as que viriam a ocorrer mais tarde com o afundamento de navios brasileiros pelos alemães.

Nos primeiros anos da guerra, seguindo os princípios dos tratados entre países americanos, Getúlio alegava que uma posição oficial do Brasil em relação ao conflito na Europa não faria sentido, uma vez que nenhum país do continente havia sido atingido. Esse argumento perdeu o valor em dezembro de 1940, com o atentado japonês às bases americanas de Pearl Harbor, no Havaí.

Os documentos deixados por Vargas em seu arquivo pessoal, bem como os papéis de vários de seus auxiliares mais diretos, mostram com detalhes como se deu, a partir de então, o alinhamento do Brasil com os Estados Unidos. Em seu *Diário*, por exemplo, Vargas expressa sua preocupação, pessoal e privada, com as mudanças que se operavam no mundo em guerra e os reflexos que poderiam ter sobre o Brasil. Ao contrário do que usualmente se supõe, o apoio aos EUA não é interpretado por ele como uma "jogada de mestre" que permitiu o financiamento à siderurgia: Volta Redonda foi algo como um prêmio de consolação à imposição de que o Brasil autorizasse a construção de bases militares norte-americanas no Nordeste.

Os registros do *Diário* mostram que, para Getúlio, do ponto de vista da posição do Brasil e da América Latina, a permissão para a instalação de bases militares norte-americanas no Nordeste (1940), o rompimento de relações com o Eixo (1941) e a declaração de guerra (1942) podiam ser considerados sinais de perda de soberania. Apesar dos esforços que fazia para que o país se equiparasse a uma nação forte e autônoma, Getúlio concluía que pouco sobrara fora das diretrizes norte-americanas. Com visível tristeza, admitia falta de alternativas para o país a não ser, segundo ele, fazer concessões aos norte-americanos.

A concessão das bases do Nordeste foi por ele percebida como uma imposição: ou o Brasil cedia parte de seu território ou seria considerado inimigo dos Aliados. O país era, segundo Vargas, jogado em uma "aventura" que não escolhera e que não controlaria. Mais do que isso, a pressão norte-americana demonstrava que o pan-americanismo seria um norteador de políticas para o Continente, desde que houvesse concordância dos EUA. O pan-americanismo parecia, para Vargas, uma espécie de letra morta: os estados americanos não eram efetivamente pares. Com as concessões, ficava claro, pelas notas do *Diário*, que a soberania nacional, um dos temas favoritos de Vargas, estava arranhada.

Seu sentido de autoridade perante os súditos, mas principalmente frente às nações estrangeiras — um dos pontos fortes da imagem que Vargas procurou construir —, serviu para retardar e complicar o processo de alinhamento incondicional aos EUA, mas não foi suficiente para contê-lo. Segundo suas palavras, a pressão norte-americana fora esmagadora. É o que se pode ver em seu *Diário*, no dia 16 de janeiro de 1942, quando afirma que "a maioria dos países americanos que adotou essas soluções de declarar guerra ou romper relações não o fez espontaneamente. Foram coagidos pela pressão americana".

Em meio ao novo pacto de alinhamento, o Brasil assinaria com os EUA acordos comerciais visando à aquisição de material bélico para a modernização do Exército brasileiro, velha demanda dos militares. Em 1941 um acordo com os EUA estabeleceu a venda de minerais estratégicos em troca de equipamento. No que toca ao envio de armamentos, esses entendimentos tinham uma finalidade mais simbólica do que efetiva. Na realidade, os militares norte-americanos relutaram praticamente até o fim da guerra em mandar armamentos para o Brasil. As autoridades norte-americanas não confiavam nos chefes militares brasileiros, Dutra e Góis Monteiro, considerados — não sem razão — germanófilos.

A eclosão da guerra tornaria mais clara para os dirigentes norte-americanos a necessidade de concentrar esforços na América Latina, visando ao fortalecimento de suas bases no novo cenário internacional.

Buscava-se fundamentalmente impedir a expansão na região da influência ideológica e econômica do nazismo, que vinha sendo alimentada pela ação de imigrantes, pela presença de facções político-partidárias e pela forte atuação de embaixadas e delegações diplomáticas e comerciais. Terminada a guerra, contudo, começaria o combate ao comunismo.

Essas alterações e imposições da ordem internacional fazem o nacionalismo de Vargas ganhar novo tom. Se a posteriori toda essa trama pôde ser lida como uma contraditória defesa dos interesses nacionais, com ganhos substantivos para o país, na opinião de Vargas, nas anotações fragmentadas do momento, a vantagem mais ambicionada não fora alcançada: a construção de uma nação soberana, respeitada, que pudesse conviver em pé de igualdade com seus pares continentais. E, apesar da cooperação, em 1945 Getúlio seria um perdedor frente às grandes potências e às elites nacionais.

Do ponto de vista interno, a iniciativa mais lembrada da guerra foi a criação da Força Expedicionária Brasileira, a FEB, em 1943. Contrariando aqueles que diziam ser mais fácil "uma cobra fumar" do que a FEB embarcar para o campo de guerra, em de julho de 1944 os "pracinhas" iniciaram o embarque para a Itália, sob o comando do general João Batista Mascarenhas de Moraes. Na Itália a FEB acabou tendo atuação expressiva nas batalhas de Monte Castello, Montese e Fornovo — para surpresa dos norte-americanos, que haviam tentado conter o embarque das tropas; eles não confiavam no preparo do soldado brasileiro e julgavam que esse apoio não seria mais necessário, pois a guerra, a essa altura, já estava sendo definida a favor dos Aliados. Para os chefes militares brasileiros, no entanto, a presença no campo de operações se tornou ponto de honra. Ao fim da guerra, o Brasil havia perdido 433 brasileiros, e a FEB se tornava o símbolo da luta do Brasil em prol das democracias. Foi sob grande ovação popular que os "pracinhas" voltaram ao Brasil e desfilaram pela cidade do Rio de Janeiro, onde foram recebidos por Vargas, também aplaudido.

Trabalhadores, sindicatos e governo

Descartando a oposição política no plano das elites, o Estado Novo não descuidou de cultivar um setor estratégico: os trabalhadores urbanos. O governo tinha consciência de que a questão do conflito trabalhista emergiria nos setores urbanos — e não nos rurais, ainda adormecidos por práticas clientelistas de dominação, como o apadrinhamento e o compadrio. Também sabia que o país era eminentemente agrário e que precisava enveredar por um caminho de maior independência e diversidade econômica. Para tanto era necessário o apoio à indústria, mas também uma mão-de-obra domesticada que evitasse os conflitos de classe tão freqüentes nos meios urbanos em várias partes da Europa e dos EUA.

A política social do Estado Novo é, na verdade, a continuação de um projeto de intervenção social que se iniciara em 1930, quando o Departamento Nacional do Trabalho, criado em 1926, foi transformado no Ministério da Indústria e do Comércio. A propaganda oficial do regime privilegiou essa prática e eficazmente produziu a visão de que antes de Getúlio não havia direitos sociais no Brasil. De fato, o que é novo na política social de Vargas não é a atenção ao trabalhador, mas a forma e a intensidade com que isso foi feito, ou seja, através do controle direto e do enquadramento dos sindicatos pelo governo.

Algumas iniciativas da época na área trabalhista tiveram longevidade ímpar na história recente do país. A primeira foi a legislação sindical de 1939, que reafirmava a de 1931 no sentido de impor o sindicato único por categoria profissional. O sindicato único, demanda também das forças de esquerda, foi concebido como entidade não-obrigatória (isto é, a filiação não era compulsória) mas representativa de todos os trabalhadores da categoria, e também como uma figura privada de interesse público — era, na realidade, um órgão do governo. As eleições, as contas e a vida do sindicato, tudo seria fiscalizado pelo Ministério, e os sindicalistas que concorressem a cargos de direção tinham que apresentar atestado de ideologia, fornecido pela Polícia, provando que não professavam ideologias contrárias ao regime.

Além disso, em 1940, foi criado o imposto sindical, um dispositivo através do qual o poder público promovia o financiamento da ampla rede sindical recém-construída. Com ela, embora a filiação ao sindicato não fosse obrigatória, o financiamento era obrigação de todos. A partir de então o governo passou a descontar um dia de salário de todos os trabalhadores empregados no mercado formal. Esse dinheiro revertia para sindicatos, federações e confederações e financiava a assistência que o sindicato oferecia aos filiados. Ou seja, todos pagavam, mas somente poucos se beneficiavam.

Essa estrutura sindical corporativa, que enquadrava os trabalhadores em entidades fechadas conforme os ramos da produção, também estendida aos empresários — que a acataram com resistência —, era considerada pelos arquitetos do regime uma forma superior de organização social: promoveria o intercâmbio pacífico dos interesses do trabalho e do capital através de uma rede organizacional controlada pelo próprio Estado. A lógica da conciliação ganhou contorno final com a criação da Justiça do Trabalho no dia 1º de maio de 1941. Criado como um órgão do Ministério do Trabalho, Indústria e Comércio, essa agência de Justiça terá como função exclusiva conciliar e administrar conflitos de interesses entre trabalhadores e patrões. O Estado assumia formalmente seu papel de intermediário entre as classes, conforme mandava a doutrina estadonovista.

Sindicato único, imposto (ou contribuição) sindical e Justiça do Trabalho sobreviveram intactos à República liberal de 1946 e ao regime militar (1964-85) e foram mantidos na Constituição de 1988. A longevidade dessas leis mostra que elas tiveram ampla base social e, principalmente, que a estrutura montada a partir do Estado Novo não seria facilmente desmontada. Coroando esse processo regulador do mercado de trabalho industrial, em 1943 foi criada a CLT, Consolidação da Leis do Trabalho, uma espécie de código que reunia toda a legislação trabalhista existente no país.

Foi também durante o Estado Novo que se criou a carteira de trabalho, que passou a ser considerada o mais importante documento de identificação do trabalhador brasileiro. Uma intensa campanha do governo associou cidadania a carteira profissional, brasilidade a trabalhador com carteira assinada e promoveu a valorização do trabalho como instrumento de nacionalidade. Foi em meio a essa política de requalificação do trabalhador que Getúlio passou a iniciar seus discursos com a frase célebre que imortalizaria sua política trabalhista: "Trabalhadores do Brasil..." Os trabalhadores foram eleitos os interlocutores preferenciais do presidente, do chefe, e não é à toa que seus discursos do período fossem reunidos sob o título *A política trabalhista*.

Mas o trabalhismo getulista do Estado Novo não se fez apenas com leis e discursos. Intensas mobilizações de trabalhadores eram programadas pelo Ministério do Trabalho, assim como várias solenidades. Nesse sentido, algumas datas passaram a ser referências para a celebração do encontro do presidente com os "trabalhadores do Brasil", através de manifestações e paradas normalmente qualificadas pelo regime como "espontâneas". A mais importante dessas datas era o Dia do Trabalho (1º de maio), mas havia outros momentos para selar esse "encontro". Por exemplo, 19 de abril, aniversário de Getúlio Vargas; 10 de novembro, data da instauração do Estado Novo; 7 de setembro, Dia da Independência; entre outros. Além disso, concursos culturais e cívicos, bem como a escolha de funcionários-padrão, marcavam a preocupação em firmar uma cultura do trabalhismo, uma das realizações mais bem-sucedidas do Estado Novo.

O fim do regime: "Queremos Getúlio!"

Um ponto sempre questionado é de que forma o resultado da guerra determinou o fim do Estado Novo. Para muitos, uma ditadura que apoiava democracias estaria fadada a acabar — afinal, o ditador e o país haviam se empenhado no conflito em nome da democracia. Mas os fatores externos não explicam tudo.

Internamente começava a surgir um movimento pouco ruidoso mas eficaz no sentido de questionar as bases do regime, inicialmente entre as elites econômicas e pensantes. O marco mais importante foi o Manifesto dos Mineiros, de 1942, que pedia a liberalização do regime. As coisas, contudo, se tornam mais contundentes em 1945, com movimentos de estudantes e manifestações na imprensa a favor da redemocratização.

Prevendo pressão pela retirada de Getúlio, no começo de 1945 o presidente e seus auxiliares iniciaram um amplo processo de aprovação de medidas liberalizantes. Assim como aconteceria com os arquitetos da abertura política durante o regime militar, também aqui houve a preocupação em estruturar a mudança de forma que não se dessem rupturas fundamentais com o momento autoritário ou um antagonismo entre as elites. Este esforço foi bem-sucedido. A medida mais importante nesse sentido foi a reorganização partidária. Ou seja, enquanto suspendia a censura à imprensa e promovia a anistia aos presos e exilados, o Estado Novo administrava a montagem de uma nova ordem política em que sua influência pudesse ficar nitidamente assegurada. Aqui certamente teve peso o talento de Getúlio para controlar e manipular o poder, mas também o interesse de vários de seus seguidores, e especialmente dos que fizeram carreira nas máquinas burocráticas montadas pelo Estado Novo. Afinal, uma mudança radical na ordem acarretaria a perda de posições e mando. O pacto da redemocratização seria uma mudança com o mínimo de custos de uma ruptura.

Assim, os interventores entenderam a política de descompressão do presidente e partiram para formar seu próprio partido, o Partido Social Democrático. O PSD reunia as máquinas dos interventores e dos "daspinhos" estaduais e garantia a continuidade de um grupo político que crescera e prosperara sob o Estado Novo. Ao lado desse "partido da ordem" surgiu, por fora das estruturas governamentais, uma frente de oposições que se reuniu na União Democrática Nacional, a UDN. A elite política estava amplamente representada nessas duas correntes, embora outros partidos tenham sido criados nessa ocasião. Dois deles merecem ainda menção especial. O primeiro é o PCB, que apoiara a política de redemocratização de Vargas e que, mesmo na clandestinidade, sustentara o ditador quando da aproximação com os Aliados. Apesar de os comunistas terem sido as principais vítimas da ditadura, seguindo a orientação internacional do Komitern, os comunistas brasileiros abraçaram a tese de que todos os governos que combatessem o nazifascismo teriam o apoio dos partidos comunistas nacionais. Por isso mesmo, Luís Carlos Prestes, que tivera sua mulher morta em um campo de concentração em decorrência da decisão de Getúlio de entregá-la às autoridades nazistas, declarou seu apoio a Vargas ao sair da prisão. Mais do que isso, os comunistas defenderão a tese de que Vargas só deveria deixar o poder depois que o país tivesse uma nova Constituição. Essa posição foi marcada pelo movimento *Constituinte com Getúlio*, que começava a inquietar até mesmos aliados de Vargas que haviam apostado na mudança de comando do governo. A redemocratização de 1945 foi um momento de notoriedade para o PCB, que em 1947 entraria na ilegalidade, posição em que permaneceria até 1985.

Outro partido importante desse momento foi o PTB, Partido Trabalhista Brasileiro. Veiculado como uma organização de recorte trabalhista a exemplo do *Labor Party* britânico, o PTB foi organizado pelas próprias agências do Estado vinculadas ao Ministério do Trabalho e contou com a adesão passiva de vários dirigentes sindicais. Apesar de sua origem pouca heróica em 1945, o PTB associado a Getúlio teve nos anos seguintes uma posição central na política brasileira e estaria no centro do poder quando do golpe de 1964, sendo extinto em 1965. O PTB ficou associado a sindicatos, a política social e a direitos trabalhistas, mas o carisma de Vargas foi o seu principal capital.

Em torno destes três partidos — PSD, UDN e PTB — girou a política brasileira da República liberal de 1946, encerrada em 1964. Sintomaticamente, eram partidos que traziam como marca de origem estarem referenciados a Vargas, quer contra, quer a favor.

Os dias finais do regime foram de intensa mobilização popular. Enquanto a lei eleitoral e o alistamento iam sendo providenciados, começava nas ruas um movimento, incentivado pela burocracia getulista, que pedia a continuidade de Getúlio no poder. Esse movimento ficou conhecido como o *Queremos Getúlio*, ou *Queremismo*, e foi amplamente apoiado pela máquina de propaganda e de mobilização do Estado Novo. Alguns comícios queremistas foram realizados na cidade sem que Getúlio os desautorizasse. Tudo indicava que estava em marcha um plano continuísta, desta feita não com o apoio dos militares, como em 1937, mas com o apoio das massas. Esse sentimento foi partilhado pelo embaixador americano no Rio de Janeiro, Adolfo Berle, que também condenou os planos continuístas de Vargas.

Em 3 de outubro, data do início da Revolução de 1930, realizou-se mais um comício queremista, em meio aos rumores de golpe que circulavam por toda a cidade. Nessa ocasião Getúlio discursou criticando Berle pela intromissão na política interna; afirmou não ser candidato e estar disposto a cumprir o calendário legal da redemocratização que previa eleições gerais para Executivo e Legislativo e a instalação de uma Assembléia Constituinte. Mas terminou admitindo que há "forças reacionárias poderosas e ocultas" que desafiam a vontade popular e que, ciente disso, ficaria ao lado do povo: "o povo pode contar comigo."

Nesse momento parece claro que um golpe está em marcha e se arma o contragolpe. Na seqüência temos duas medidas de Getúlio Vargas que selam seu destino. A primeira foi a alteração do calendário eleitoral, símbolo maior do projeto de redemocratização; a segunda foi a nomeação de um amigo pessoal, João Alberto, para a prefeitura do Rio, e de seu irmão, Benjamim Vargas, para a chefia de polícia do Distrito Federal, o mais importante órgão de segurança do país, também no Rio de Janeiro. Com essas duas nomeações, Getúlio ficaria com o controle da capital e da repressão; as massas poderiam ser convocadas a seu favor e protegidas pelo poder público.

Então entram em cena os militares, os avalistas do Estado Novo, que se tornam agora os algozes do regime. Góis Monteiro tomou a liderança do movimento e no dia 29 de outubro de 1945 despachou Dutra ao Palácio para propor a Getúlio uma retirada pacífica. Enquanto esta conversa era efetuada, o ministro da Justiça de Getúlio, Agamenon Magalhães, permaneceu refém dos militares no Ministério da Guerra.

Getúlio aceita sair do poder, negociando, no entanto, para que a presidência fosse exercida pelo Judiciário até que as eleições se realizassem. Com isso evitava, ainda que provisoriamente, que um ex-aliado ocupasse seu lugar — o que de qualquer modo ocorre depois do pleito: o vencedor das eleições presidenciais foi seu ex-ministro da Guerra, Eurico Gaspar Dutra. Do lado da UDN, o candidato era também outro militar expressivo: o brigadeiro Eduardo Gomes. Os militares agora entravam na política pela via das eleições, mas sem nunca abandonar o cacoete golpista — até serem bem-sucedidos, em 1964.

No dia 30 de outubro, a imprensa festejava a queda da ditadura, e Getúlio, sob boatos de que seria preso e deportado, seguia nova etapa de sua carreira política. Sua popularidade ao deixar o poder ficaria expressa na votação que recebeu para cargos legislativos em dezembro desse mesmo ano de 1945: foi eleito deputado federal em sete estados e senador em dois. Vargas optou pela senatoria gaúcha, ficou mais perto de suas fazendas e pouco freqüentou o Congresso. De lá saiu para fazer a desforra do 29 de outubro: em 1951 voltou ao governo, no Palácio do Catete, agora "nos braços do povo", isto é, pelo voto popular. E de lá só saiu morto.

Heranças, continuidades, rupturas, mitos

Ser ditador e popular não foi uma característica única de Getúlio. Na América Latina e na Europa, ditadores foram adorados e venerados; na Argentina, tivemos Perón com trajetória parecida. O que fez de Getúlio um homem amado, apesar de temido, tem a ver em grande parte com a época, mas também por ele ter ficado associado a um amplo conjunto de mudanças modernizadoras do Brasil. Para grande parte da população o "salto para o futuro" só existiu porque Getúlio liderou o país, não se colocando jamais a hipótese de que grande parte das mudanças na economia poderia ter advindo da pressão das crises internacionais e da vitalidade da economia brasileira, independente de qualidades excepcionais de um presidente. Essa grande massa pouco questionou o legado negativo do Estado Novo, ou seja, o retrocesso democrático.

O Estado Novo acentuou as estruturas de privilégios e o corporativismo; fortaleceu o intervencionismo militar, a gestão autoritária e a tecnocracia socialmente descomprometida; desconsiderou o Legislativo e o Judiciário. Mas também deu apoio a iniciativas nacionalistas tão ao gosto dos intelectuais brasileiros e da vanguarda modernista, a quem entregou cargos importantes, e elevou a auto-estima do brasileiro, particularmente a do trabalhador industrial urbano, que se reconheceu como cidadão na carteira de trabalho — e não no título de eleitor.

Por tudo que foi visto neste livro, o mito Vargas não surgiu no vazio. Como a maior parte dos mitos, foi construído em um momento de crise e de grandes mudanças, povoou o imaginário popular e ajudou a formar identidades. Gerou também uma profunda divisão na política do país, que nos acompanharia durante décadas: getulismo e antigetulismo passaram a ser duas referências políticas para os brasileiros, estando na raiz das principais crises que o Brasil enfrentou a partir daí, inclusive a de 1964.

O Estado Novo associou Getúlio Vargas à ditadura, mas também à política social e ao nacionalismo. É essa plasticidade ideológica que gera uma curiosidade sempre renovada pelo Estado Novo. Visitá-lo é conhecer parte das razões de nossa grandeza econômica, de nossas fraquezas políticas e de nossas profundas desigualdades sociais e regionais.

Cronologia

1935

27 nov "Intentona Comunista". Inicia-se um período de franca perseguição política

1937

10 nov Após federalizar as milícias estaduais, Vargas dá um golpe de Estado, dissolvendo o Congresso e outorgando nova Constituição

2 dez Decretada oficialmente a dissolução dos partidos políticos

1938

11 mai Integralistas atacam o Palácio Guanabara. Dois dias depois, Vargas declarava que o *putsch* havia recebido auxílio da Alemanha

1939

5 mai Lei de sindicalização cria o sindicato único por categoria profissional

27 dez Criado o Departamento de Imprensa e Propaganda (DIP), porta-voz autorizado da ditadura, encarregado da censura, da organização de homenagens ao presidente, de manifestações cívicas e da radiodifusão oficial

1940

1º mai Anunciado o estabelecimento da Lei do Salário Mínimo, para trabalhadores urbanos. Depois de negociações com a Alemanha e com os Estados Unidos, o Brasil conseguiu um empréstimo a longo prazo de US$20 milhões, concedido pelo Eximbank, destinado à construção da Companhia Siderúrgica Nacional (CSN). O governo brasileiro concedeu permissão para que as forças aéreas norte-americanas pousassem regularmente em território nacional e proibiu as operações das companhias aéreas alemã e italiana, Condor e Lati, que tinham linhas no Brasil

1942

O Brasil adere aos Aliados (EUA, Inglaterra e URSS) e rompe relações diplomáticas com Alemanha, Itália e Japão. O rompimento com as forças do Eixo trouxe conseqüências imediatas: cerca de 19 navios mercantes brasileiros foram bombardeados pela marinha alemã, entre fevereiro de 1942 e março de 1943. O Brasil faz declaração de guerra contra a Alemanha e a Itália

1943

1º mai Editada a Consolidação das Leis do Trabalho (CLT), compilação do conjunto de normas legais que regiam as relações entre empregados e empregadores

9 set Criação da Força Expedicionária Brasileira (FEB), divisão militar que participou da II Guerra, na Itália

1944

O Brasil assina os acordos de Bretton Woods, que originaram o Fundo Monetário Internacional (FMI) e o Banco Inter-americano de Reconstrução e Desenvolvimento (BIRD)

1945

28 fev A Lei Constitucional n.9, conhecida como Ato Adicional, estabelece eleições para a presidência da República, a Câmara dos Deputados, o Senado Federal e as assembléias legislativas. Manifestações populares defendem a permanência de Vargas no poder, através do *slogan* "Queremos Getúlio". O movimento ficou conhecido como *Queremismo*

10 out Promulgado decreto-lei antecipando para o dia 2 de dezembro as eleições estaduais marcadas para maio de 1946

29 out Oposicionistas, liderados pelos generais do Exército Eurico Gaspar Dutra e Góis Monteiro, cercam o Palácio Guanabara, residência do presidente. Vargas assinou sua renúncia formal declarando: "A História e o tempo falarão por mim."

2 dez Vargas é eleito deputado federal em sete estados e senador, em dois. Optou pelo cargo de senador pelo Rio Grande do Sul

1946

31 jan Posse de Eurico Gaspar Dutra na Presidência da República

2 fev Instalados os trabalhos da Assembléia Nacional Constituinte

Referências e fontes

Os dados sobre condenações pelo Tribunal de Segurança Nacional durante o Estado Novo foram retirados de *Repressão judical no Estado Novo: esquerda e direita no banco dos réus*, de Reynaldo Pompeu de Campos. (Rio de Janeiro, Achiamé, 1982).

Para os dados sobre economia, a fonte foi o artigo de Maria Antonieta Leopoldi "Estratégias de ação empresarial em conjunturas de mudança política", em *Repensando o Estado Novo*, organizado por Dulce Pandolfi e publicado pela Editora da FGV em 1999.

Os dados sobre o número de mortos da FEB estão em *O Exército na história do Brasil*, vol.III (Rio de Janeiro/Salvador, Bibliex/Odebrecht, 1998).

Sugestões de leitura

• Sobre o Levante de 1935, uma obra de referência é a de Paulo Sérgio Pinheiro, *Estratégia da ilusão: a revolução mundial e o Brasil, 1922-1935* (São Paulo, Companhia da Letras, 1999).

• Informações sobre o golpe de 1937 podem ser obtidas, especialmente, em Aspásia Camargo et alli, *O golpe silencioso* (Rio de Janeiro, Rio Fundo, 1989) e em Hélio Silva, *O Plano Cohen* (Porto Alegre, L&PM, 1980).

• Para a política de realinhamento com os EUA podem ser consultados os livros de Gerson Moura, *Tio Sam chega ao Brasil* (São Paulo, Brasiliense, 1987) e *Autonomia da dependência* (Rio de Janeiro, Nova Fronteira, 1980).

• Sobre a atuação do Tribunal de Segurança Nacional, a obra mais completa é de Reynaldo Pompeu de Campos, *Repressão judicial no Estado Novo: esquerda e direita no banco dos réus* (Rio de Janeiro, Achiamé, 1982).

• O *Diário* de Getúlio Vargas (Rio de Janeiro, Ed. da FGV, 1995) é uma boa fonte para o dia-a-dia da guerra. Para uma visão geral sobre o período, ver Dulce Pandolfi (org.), *Repensando o Estado Novo* (Rio de Janeiro, Ed. da FGV, 1999).

• Uma série de obras tratando do integralismo, de sindicatos, industrialização, guerra, política externa, educação, autoritarismo, anti-semitismo etc., entre outros temas, também acaba dando contribuições importantes sobre o Estado Novo. Existe ainda um vasto acervo documental sobre o período, especialmente nos arquivos do Centro de Pesquisa e Documentação de História Contemporânea do Brasil da Fundação Getulio Vargas (CPDOC/FGV), no Rio de Janeiro, onde estão guardados os arquivos de Vargas e de seus principais assessores.

Sobre a autora

Maria Celina D'Araujo é portuguesa de nascimento e brasileira de adoção. Nasceu na Ilha da Madeira, em 1950, de onde saiu com 13 anos acompanhando a mãe e as irmãs, que emigraram para o Brasil em 1963. Começou a estudar ciências sociais na USP, em 1971, auge da ditadura militar. No ano seguinte mudou-se para o Rio e concluiu o curso na UFF. Fez mestrado e doutorado em ciência política no Instituto Universitário de Pesquisas do Estado do Rio de Janeiro (Iuperj), e pós-doutorado nos Estados Unidos.

Ainda estudante, começou a estagiar no CPDOC/FGV, no Rio de Janeiro, instituição onde trabalhou até 2009; ali foi despertada para a pesquisa histórica e para as questões centrais da política brasileira. O passo seguinte foi o magistério, atividade que iniciou em 1978 na UFF, onde lecionou ciência política até 2005.

Maria Celina tem se dedicado ao estudo da história política do Brasil contemporâneo e publicou várias obras nesse campo, entre elas *O segundo governo Vargas* (Rio de Janeiro, Zahar, 1982, 1ª ed. / São Paulo, Ática, 1994, 2ª ed.), *Sindicatos, carisma e poder: o PTB de 1945 a 1965* (Rio de Janeiro, Ed. da FGV, 1996), *A Era Vargas*

(São Paulo, Moderna, 1997) e *Ernesto Geisel*, depoimento, em co-autoria com Celso Castro (Rio de Janeiro, Ed. da FGV, 1997). Tem participado de estudos sobre as ditaduras militares no Brasil e no Cone Sul e co-organizado vários livros sobre esta temática.

Atualmente é professora de graduação e pós-graduação na PUC-Rio.

Coleção Descobrindo o Brasil

direção: Celso Castro

A modernização da imprensa (1970-2000)
Alzira Alves de Abreu

O Brasil no império português
Janaina Amado e Luiz Figueiredo

Os intelectuais da educação
Helena Bomeny

A era do rádio
Lia Calabre

A invenção do Exército brasileiro
A proclamação da República
Celso Castro

O Estado Novo
Maria Celina D'Araujo

A belle époque amazônica
Ana Maria Daou

O livro e a leitura no Brasil
Alessandra El Far

O pensamento nacionalista autoritário
Boris Fausto

Os índios antes do Brasil
Carlos Fausto

Os brasileiros e a Segunda Guerra Mundial
Francisco César Ferraz

Rebeliões no Brasil Colônia
Luciano Figueiredo

Palmares, ontem e hoje
Pedro P. Funari e Aline V. Carvalho

A arte rupestre no Brasil
Sambaqui: arqueologia do litoral brasileiro
Madu Gaspar

As formas do espaço brasileiro
Pedro Geiger

Cidadania e direitos do trabalho
Angela de Castro Gomes

Negros e política (1888-1937)
Flávio Gomes

Código Civil e cidadania
Keila Grinberg

Como falam os brasileiros
Yonne Leite e Dinah Callou

Uma viagem com Debret
Valéria Lima

O nascimento da imprensa brasileira
Isabel Lustosa

Escravidão e cidadania no Brasil monárquico
Hebe Maria Mattos

Os evangélicos
Clara Mafra

O sindicalismo brasileiro após 1930
Marcelo Badaró Mattos

O período das Regências (1831-1840)
Marco Morel

Da Bossa Nova à Tropicália
Santuza Cambraia Naves

Arqueologia da Amazônia
Eduardo Góes Neves

História do voto no Brasil
Jairo Nicolau

O Brasil dos imigrantes
Lucia Lippi Oliveira

Política externa brasileira
Leticia Pinheiro

Ditadura militar, esquerdas e sociedade
Daniel Aarão Reis

A Independência do Brasil
Iara Lis C. Souza

Partidos políticos no Brasil (1945-2000)
Rogerio Schmitt

O Império em procissão
Lilia Moritz Schwarcz

Modernismo e música brasileira
Elizabeth Travassos Lins

A fotografia no Império
Pedro Karp Vasquez

Brasil de todos os santos
Ronaldo Vainfas e Juliana Souza